Made in the USA
Monee, IL
14 April 2025

15791788R00079